Franz Pieper

Reden

Gehalten bei einer Versammlung der mit der Missouri-Synode

verbundenen lutherischen Gemeinden Chicagos im Art Institute am 3.

September 1893

Franz Pieper

Reden

Gehalten bei einer Versammlung der mit der Missouri-Synode verbundenen lutherischen Gemeinden Chicagos im Art Institute am 3. September 1893

ISBN/EAN: 9783337176044

Hergestellt in Europa, USA, Kanada, Australien, Japan

Cover: Foto ©ninafisch / pixelio.de

Weitere Bücher finden Sie auf **www.hansebooks.com**

Reden,

gehalten

bei einer Versammlung der mit der Missouri-Synode
verbundenen lutherischen Gemeinden Chicagos

im

ART INSTITUTE

am

3. September 1893.

St. Louis, Mo.
CONCORDIA PUBLISHING HOUSE.
1893.

Vorwort.

Es war eine erhebende Feier, die am 3. September 1893 in Chicago und zwar im neuerbauten Kunstgebäude am Seeufer im Mittelpunkt des Geschäftstheils der Stadt Chicago abge= halten wurde. Am betreffenden Tage fand Vormittags in allen Kirchen Chicagos Gottesdienst statt. Nachmittags um 3 Uhr und Abends um 8 Uhr wurden dann zwei überaus gut besuchte Ver= sammlungen im erwähnten Kunstgebäude gehalten. Im Ganzen mögen etwa 10,000 Personen sich zu diesen Versammlungen ein= gefunden haben, und wäre die Zahl noch größer gewesen, wenn man nicht vielfach die Befürchtung gehegt hätte, das Gebränge werde so groß werden, daß man doch nichts verstehen könne. Das größte Contingent stellten freilich die lutherischen Gemeinden von Chicago, allein auch aus den benachbarten Gemeinden und aus weiter Ferne hatten sich eine stattliche Zahl Gäste eingefunden.

In schönster Ordnung verlief dann die Feier nach folgen= dem Programm: Nachmittags: 1. Gesang: „Ein feste Burg ist unser Gott", gesungen von der gesammten Festversammlung. 2. Festrede über die Hauptlehren der lutherischen Kirche von Prof. F. Pieper, St. Louis, Mo. 3. Gesang: „Lobe den HErrn, meine Seele"; für diese Feier componirt von Lehrer Burhenn, Chicago, gesungen von den vereinigten gemischten Chören von Chicago. 4. Festrede: "Two hundred and fifty years of Lutheranism in America," von Prof. A. Gräbner, St. Louis, Mo. 5. Gesang: „Preiset den Vater", gesungen von den ver= einigten gemischten Chören von Chicago. Abends: 1. Gesang: "A mighty fortress is our God," gesungen von der gesammten

Festversammlung. 2. Festrede über das Thema: „Wir lieben unser Land, darum lieben wir unsere Gemeindeschulen", von Pastor H. Sauer, Fort Wayne, Ind. 3. Gesang: „Jauchzet dem HErrn", gesungen von den vereinigten Männerchören von Chicago. 4. Festrede: "A free Church in a free country," von Prof. A. Crull, Fort Wayne, Ind. 5. Gesang: „Alles, was Odem hat", gesungen von den vereinigten Männerchören von Chicago. Am Schluß der beiden Versammlungen wurde das heilige Vater Unser gebetet und die Anwesenden mit dem Segen des HErrn entlassen.

Viele Glaubensgenossen haben es jedenfalls bedauert, an diesem Tage nicht in Chicago sein und dieser Feier beiwohnen zu können. Und kommen wir darum ihrem Wunsche zweifels= ohne entgegen, wenn wir ihnen einen kleinen Ersatz dadurch zu bieten suchen, daß wir die bei der Feier gehaltenen Reden ver= öffentlichen. Auch viele der Theilnehmer am Feste haben das Verlangen ausgesprochen, die Reden gedruckt zu haben.

Auf bringendes Bitten haben die Redner uns ihr Manu= script zur Verfügung gestellt und geben wir die Reden in der Reihenfolge, in der sie gehalten worden sind.

Mögen nun auch die gedruckten Reden zum Zeugniß dienen für jedermann, daß unser theures americanisch=lutherisches Zion das Banner des Wortes Gottes hoch hält und seine Lehre keine andere ist, als die alte reine Bibellehre! Mögen sie auch uns Gliedern der lutherischen Kirche dazu dienen, daß wir von neuem erkennen, wie reich unser Gott uns gesegnet hat! Und möge solche Erkenntniß uns reizen zu herzlichem Dank gegen Gott und zur treuen Bewahrung der uns verliehenen Güter und Gaben! Das walte Gott! Amen.

Im Auftrag der Committee

F. P. Merbitz.

Was ist Lutherthum?

Von Prof. F. Pieper.

Theure Glaubensbrüder, geehrte Anwesende!

Wenn ich aufgefordert bin, an diesem Tage und in dieser
Versammlung zu Ihnen zu reden, so fasse ich die mir gestellte
Aufgabe dahin auf, daß ich die Lehre der lutherischen Kirche in
ihren Hauptpunkten darlegen soll. So will ich denn, so kurz mir
dies möglich ist, die Frage beantworten:

Was ist Lutherthum?

Was ist Lutherthum? Auf diese Frage läßt sich eine Ant=
wort geben, die nicht nur kurz, sondern auch so umfassend ist, daß
in ihr bereits die Lehren, welche man als Sonderlehren der luthe=
rischen Kirche bezeichnet hat, enthalten sind. Diese kurze und
allumfassende Antwort lautet: Das Lutherthum ist die Lehre,
daß ein Mensch aus Gnaden um Christi willen und nicht — auch
nicht zum tausendsten Theil — durch eigene Bestrebungen, Werke
oder Würdigkeit vor Gott gerecht wird und die Seligkeit erlangt.
Diese aus der Heiligen Schrift genommene und auf Grund der
Schrift durch alle einzelnen Lehren consequent fest=
gehaltene Lehre — das ist Lutherthum.

Unterbricht mich hier Jemand mit dem Einwurf: „Das soll
Lutherthum sein! Jene Lehre ist ja Christenthum überhaupt!"
— so ist meine Antwort: Allerdings, das ist Christenthum über=
haupt. Die lutherische Kirche hat auch nie den Anspruch er=
hoben, daß ihre Lehre etwas außer und neben dem Christen=

thum sei. Vielmehr hat sie immer hervorgehoben, daß ihre
Lehre die einfältige, in der Heiligen Schrift geoffenbarte christliche
Lehre sei. Nichts mehr und nichts weniger! „Gerecht und selig
aus Gnaden um Christi willen, und nicht durch eigene Werke" —
das ist wie die Summa des Christenthums, so auch des Luther=
thums.

So einfach ist die Sache? Allerdings! Das Christenthum
ist nicht etwas so Complicirtes, daß nur die besonders gelehrten
unter den Menschen auf dem Wege gelehrter Studien und langer
Berathungen dahinter kommen könnten, was Christenthum sei,
während die Ungelehrten die Resultate der Forschungen der „in=
tellectuellen Riesen" abwarten müßten. Nein, nein! Christus
hat mit der Offenbarung der christlichen Religion der Welt nicht
ein Räthsel aufgegeben, sondern er nennt gerade die „Armen"
und die „Unmündigen" als solche, welche die von ihm geoffen=
barte Wahrheit verstehen. Das Christenthum ist die Religion für
alle Menschen ohne Unterschied; die Religion, welche dem Kinde
wie dem Manne, dem Ungelehrten wie dem Gelehrten gleicher=
maßen verständlich ist. Auch der Ungelehrte, wenn er sich an
Christi Wort — an das klare Wort der Schrift — hält, kann
alsbald auffassen, was die christliche Religion, und zwar gerade
auch in ihrem Unterschiede von allen andern Religionen, sei.

Lassen Sie mich an die offenkundige aber oft vergessene
Thatsache erinnern, daß es nur zwei wesentlich verschiedene
Religionen in der Welt gibt. Nur zwei, nicht mehr! Nach der
einen soll der Mensch ganz oder theilweise auf dem Wege der eige=
nen Werke selig werden; nach der andern ist die Erlangung der
Seligkeit von den eigenen Werken des Menschen gänzlich losgelöst,
wird die Seligkeit dem Menschen aus Gnaden, als ein Geschenk
Gottes, zu Theil. Die erstere Religion ist die des natürlichen
Menschen. Wenn der natürliche Mensch sich überhaupt noch mit
der Frage beschäftigt, wie der Mensch zu Gott komme und selig
werde, so meint er das Ziel auf dem Wege seiner moralischen

Befferung und feiner guten Werke erreichen zu müffen. Hierher gehören die faft unzähligen heidnifchen Religionen, und innerhalb der äußeren Chriftenheit diejenigen, welche ebenfalls lehren, daß der Menfch felbft — durch feine Befferung und feine Werke — fich Gottes Wohlgefallen ganz oder theilweife zuwege bringen könne und müffe. Die letztere Religion, die Religion, nach welcher die Seligkeit dem Menfchen ohne deffen eigene Werke als ein Gnadengefchenk Gottes zu Theil wird, ift die chriftliche. Woher kommt diefer wefentliche Unterfchied zwifchen dem Chriften= thum und allen andern Religionen? Daher: Alle andern Reli= gionen außer der chriftlichen haben bloße Religionslehrer, welche ihren Anhängern gewiffe — nach den verfchiedenen An= fichten der Lehrer verfchiedene — Werke zur Büßung der Sünden vorfchreiben. Die chriftliche Religion dagegen hat nicht etwa einen bloßen Religionslehrer, fondern einen Heiland, einen Heiland, der felbft — in feiner eigenen Perfon, durch fein ftell= vertretendes Thun und Leiden — allen Menfchen die Seligkeit erworben hat, diefelbe nun im Evangelium als Gefchenk anbietet und daher von den Menfchen auch nicht das geringfte Werk ihrer= feits fordert, womit fie fich erft noch die Seligkeit verdienen müß= ten. „Siehe“ — heißt es von diefem Heiland in der Schrift — „fiehe, das ift Gottes Lamm, welches der Welt Sünde trägt“; „derfelbige ift die Verföhnung für unfere Sünden. Nicht allein aber für die unfern, fondern auch für der ganzen Welt.“ „Für= wahr, er trug unfere Krankheit und lud auf fich unfere Schmer= zen . . . der HErr warf unfer aller Sünde auf ihn.“ „Gott war in Chrifto und verföhnte die Welt mit ihm felber.“ Mit andern Worten: Nach der chriftlichen Religion ift ja der ewige Sohn Gottes ein Menfch geworden, hat an Stelle der Menfchen alle Forderungen des göttlichen Gefetzes erfüllt, alle Strafen für die Uebertretungen der Menfchen getragen und fo allen Menfchen, nicht bloß zum Theil, fondern vollkommen Gnade und Seligkeit erworben. Für Menfchenwerke, die zu dem Zweck gethan werden, um Gott erst noch ganz oder theilweise zu versöhnen, ist in der christlichen Religion schlechterdings kein Platz. Es kann sich Niemand in schärferen Gegensatz zum Christenthum stellen, als wenn er noch Menschenwerke zur Erlangung der Seligkeit vorschreibt. Rein aus Gnaden um Christi willen ohne Verdienst der Werke selig werden — das ist das Eigenthümliche der christlichen Religion, das, wodurch die christliche Religion sich von allen andern sogenannten Religionen unterscheidet. Darin ist es begründet, daß auch der Schächer am Kreuz, der noch in der letzten Stunde zur Erkenntniß seiner Sünden kommt und zum Heilande um Gnade schreit, zu Gnaden angenommen und selig wird. Diese Gnadenlehre in ihrer ganzen Reinheit und durch alle Lehrartikel hindurch festgehalten — das ist Luterthum. Durch die Erkenntniß und Verkündigung dieser Lehre ist Luther der Reformator der Kirche geworden, wie die Reformationsgeschichte ausweist.

Freilich, soll diese Centrallehre des Christenthums unverletzt bleiben, so ist nöthig, daß noch andere, ebenso klar in der Schrift geoffenbarte Lehren angenommen werden.

So die biblische Lehre von Christi Person und Werk. Nicht das Blut eines bloßen Menschen, sondern das Blut JEsu Christi des Sohnes Gottes macht uns rein von allen Sünden, das heißt, ist ein Lösegeld, durch welches die Sünden aller tausend Millionen Menschen vollkommen gesühnt sind. So hält die lutherische Kirche unerschütterlich fest, einmal, daß Christus der wahrhaftige, wesentliche Sohn Gottes sei, und sodann, daß Christi Thun und Leiden im Stande der Erniedrigung nicht bloß seiner menschlichen Natur, sondern der ganzen Person, auch dem Sohne Gottes wahrhaftig zuzueignen sei. Die lutherische Kirche läßt sich auf keinen Compromiß mit denen ein, welche die wahre, wesentliche Gottheit Christi leugnen oder in nestorianischer Weise die Person und die Werke Christi zertrennen.

Sodann hält die lutherische Kirche zur Reinerhaltung der Gnadenlehre die biblische Lehre von den Gnadenmit-

teln feſt, das heißt, die Lehre, daß der Heilige Geiſt die von
Chriſto erworbene Gnade nicht unmittelbar, durch eine geheime,
magiſche Wirkung, ſondern lediglich durch die von Gott geordneten
äußeren Mittel, nämlich durch das Evangelium und die Sacra=
mente, an die Menſchen heranbringe und den Menſchen mittheile.
Mit andern Worten: Fragt ein zur Erkenntniß ſeiner Sünden
gekommener Menſch uns Lutheraner: „woran kann ich es merken,
daß Gott auch mir gnädig ſein wolle?“, ſo ſenden wir ihn weder
auf Reiſen, noch heißen wir ihn in ſich ſelbſt hineinſchauen,
um eine unmittelbare Wirkung des Heiligen Geiſtes oder ein Ge=
fühl der Gnade zu erwarten, ſondern wir verweiſen ihn auf das
objective Wort des Evangeliums und auf die Sacramente und
heißen ihn glauben, was Gott da den armen Sündern ohne
Unterſchied zuſagt und darbietet, nämlich die von Chriſto erwor=
bene Vergebung aller Sünden, Leben und Seligkeit. Im Wort
des Evangeliums und in den Sacramenten kommt
zum gewiſſen, unfehlbaren Ausdruck, wie Gottes
Herz zu den Sündern ſteht, nämlich, daß er ihnen um
Chriſti willen gnädig ſei und ihnen die Sünde vergeben wolle.
Das Wort des Evangeliums iſt „das Wort von der Verſöh=
nung“, wie der Apoſtel es ausdrückt, das heißt, das Wort, daß
Gott durch Chriſtum mit allen Sündern verſöhnt ſei. Die
Taufe geſchieht, wie St. Petrus am erſten Pfingſtfeſt bezeugt,
„zur Vergebung der Sünden“. Im heiligen Abendmahl reicht
Chriſtus den Communicanten ſeinen Leib, der für ſie gegeben iſt,
und ſein Blut, das für ſie vergoſſen iſt, um ſie zu verſichern, daß
auch ſie Theil haben an der Erlöſung, die durch ihn vollbracht iſt.
Das iſt die lutheriſche Lehre von der Weiſe, wie Gott, nachdem
die Erlöſung aller Menſchen durch Chriſtum geſchehen iſt, nun
die einzelnen Menſchen, welche ob ihrer Sünde erſchrocken ſind
und nach ſeiner Seligkeit fragen, ſeiner Gnade verſichert. Alles
iſt Wirkung des Heiligen Geiſtes, aber Wirkung des Heili=
gen Geiſtes durch's Wort. Die lutheriſche Kirche verwirft

somit auf der einen Seite die falsche Veräußerlichung, als ob der äußere Gebrauch der Gnadenmittel ohne Glauben schon des Heils theilhaftig mache, auf der andern Seite die falsche Verinnerlichung, nach welcher der Sünder Ohr, Auge und Herz von den objectiven Gnadenmitteln abwendet und die Gewiß= heit der Gnade von einer Wirkung des Heiligen Geistes außer und neben den Gnadenmitteln erwartet. Durch beide falsche Weisen wird auch die Centrallehre des Christenthums, daß wir aus Gna= den um Christi willen, und nicht durch eigene Werke selig werden, verleugnet. Wie nämlich? So: Wer sich einbildet, daß er schon durch den äußern Gebrauch der Gnadenmittel ohne Glauben ein Kind Gottes sei, der setzt seine Zuversicht nicht auf Christi Ver= dienst, sondern auf die eigenen Werke der äußeren Kirchlichkeit. Und wer die Zusicherung der Gnade nicht im Glauben aus dem Evangelium und den Sacramenten nehmen, sondern nur in sich selbst hineinschauen will, der gründet im besten Fall — es läuft hier nämlich auch viel Selbstbetrug mit unter — die Vergebung der Sünden auf die Erneuerung und Heiligung, also nicht auf Chri= stum, sondern auf eigene Würdigkeit. Die lutherische Kirche legt daher in ihrem Bekenntniß sorgsam dar: Unter Gnade, durch welche ein Mensch gerecht und selig wird, ist nicht etwas, was in dem Menschen sich befindet, zu verstehen, nämlich nicht die Gna= dengaben oder Gnadenwirkungen, als da sind Erneuerung, Heiligung, gute Werke — wiewohl diese sich bei jedem Christen finden — sondern etwas, was in Gott ist, nämlich Gottes gnädige Gesinnung, die Christus uns durch sein Verdienst zuwege gebracht hat, welche gnädige Gesinnung Gott im Wort und in den Sacramenten den Menschen offenbart, wohin da= her alle Sünder, die nach einem zuverlässigen Ankergrund des Glaubens fragen, im Glauben sich zu halten haben.

So lehrt denn die lutherische Kirche auch die Gewißheit der Gnade und des Heils für die Christen. Das Funda= ment der Gewißheit sind diese Wahrheiten: Alle Sünder sind

durch Christi vollkommenes Verdienst vollkommen mit Gott ver=
söhnt. Diese Thatsache proclamirt Gott im Evangelium
und in den Sacramenten, damit die Menschen sie glauben.
So ist, um in den Besitz des Heils und zur Gewißheit desselben
zu kommen, von Seiten des Menschen weiter nichts nöthig als der
Glaube. Wo Zweifel an der Gnade vorhanden ist, da rüttelt
man an einer dieser Wahrheiten. Entweder leugnet man die voll=
kommene Versöhnung durch Christum und will noch den Menschen
selbst Sünde bezahlen lassen, oder man leugnet die Darreichung
der Gnade durch die Gnadenmittel und wühlt, um die Gnade zu
erhaschen, in seinem eigenen Innern, oder es fehlt am Glauben,
sei es, daß man noch gar nicht wegen seiner Sünden von Herzen
erschrocken ist und daher auch nicht nach der Gnade fragt, sei es,
daß man sich der Verzweiflung hingibt und thörichterweise meint,
die Sünden seien größer, als daß sie vergeben werden könnten.

Doch, man fragt hier vielleicht etwas ungeduldig: „Wo
bleiben denn nach lutherischer Lehre die guten Werke?" Nun,
sie kommen schon. Die guten Werke sind mit dem Glauben so
unzertrennlich verbunden, wie das Leuchten und die Wärme
mit der Sonne. Freilich verstehen wir hier unter „Glaube" das
vom Heiligen Geist gewirkte Vertrauen auf Christum den Ge=
kreuzigten. Der sogenannte historische Glaube oder der Kopf=
glaube, nach welchem Jemand aus Vernunftgründen, oder ledig=
lich auf die Autorität der Kirche, der Lehrer oder der Eltern hin
die christliche Lehre sich gefallen läßt, bewirkt so wenig eine innere
geistliche Wandlung, Heiligung und gute Werke, als der Glaube
an Confucius oder Buddha. Aber das ist auch nicht der christ=
liche Glaube. Wenn dagegen ein Mensch durch die Predigt des
Gesetzes seine Sünde erkennt, so daß es bei ihm heißt: „Verloren,
verloren", und wenn ihm dann aus dem Evangelium die Wahr=
heit entgegenleuchtet und das Herz einnimmt: „erlöst — voll=
kommen erlöst — durch Christum; gerettet, gerettet!" — dann
vollzieht sich — durch diesen Glauben an Christum — eine innere

Umwandlung des Menschen. Er will nun hinfort nicht sich selbst, sondern dem Leben, der für ihn gestorben und auferstanden ist. Das ist der unzerreißbare Zusammenhang, der zwischen dem Glauben und den guten Werken besteht. So unzerreißbar ist der Zusammenhang, daß erst der Glaube selbst schwinden muß, ehe die guten Werke aufhören, und daß, wo thatsächlich keine guten Werke sind, auch sicherlich kein Glaube vorhanden ist. Das ist lutherische Lehre! Die lutherische Kirche lehrt auch weiter, auf Grund der Schrift, von den guten Werken der Christen, daß Gott dieselben so gefallen, daß er sie mit einem ewigen Gnadenlohn krönt. „Wer dieser Geringsten einen" — spricht Christus — „nur mit einem Becher kaltes Wassers tränket in eines Jüngers Namen, wahrlich, es wird ihm nicht unbelohnt bleiben" (Matth. 10, 42.). Aber — so fügt die lutherische Kirche hinzu — eins vermögen die guten Werke der Christen nicht, garnicht, auch nicht zum tausendsten Theil: sie vermögen nicht die Gnade Gottes und die Seligkeit zuwege zu bringen. Das vermag allein das vollkommene Verdienst Christi. Wer gute Werke thut, in der Meinung, dadurch Gott sich erst noch gnädig zu machen, thut lauter böse Werke, der begeht das größte Verbrechen, das begangen werden kann, und befindet sich im directesten Gegensatz zum Christenthum, weil — nun weil er Christi allgültiges Verdienst verleugnet. Ein solcher nimmt denn auch ein Ende mit Schrecken. Die Schrift spricht nicht nur über die offenbaren Sünder, sondern auch über alle, welche Werke thun in der Meinung, dadurch vor Gott gerecht zu werden, den Fluch aus. So schreibt nämlich St. Paulus Gal. 3, 10.: „Die mit des Gesetzes Werken umgehen, die sind unter dem Fluch."

Ich könnte hier abbrechen, weil ich die Hauptpunkte der Heilslehre, wie sie in der lutherischen Kirche geführt wird, in ihrem Zusammenhang kurz dargelegt habe. Doch erbitte ich mir noch einige Minuten Gehör, um die Stellung der lutherischen Kirche in solchen Fragen, wie: „Was ist die Kirche?", „Wer hat

Autorität in der Kirche?", „Kirche und Staat", „Kirche und
Heilige Schrift", „Kirche und Wissenschaft", mit wenigen Wor=
ten zu skizziren.

Was ist die Kirche?

Die Kirche bilden die durch den Heiligen Geist Wiedergebor=
nen, das heißt, alle diejenigen, welche, nachdem sie ihre Ver=
dammungswürdigkeit erkannt haben, zur Erlangung der Selig=
keit nicht auf eigene Werke, sondern allein auf Christum den Ge=
kreuzigten vertrauen. In wessen Herzen dieser Glaube nicht ist,
der ist kein Glied der christlichen Kirche, mag er Pastor, Professor,
Präses, Bischof, Pabst, König oder Kaiser sein. „Wer Christi
Geist nicht hat, der ist nicht sein" (Röm. 8, 9.). „Wer an den
Sohn glaubet, der hat das ewige Leben. Wer dem Sohn nicht
glaubet, der wird das Leben nicht sehen, sondern der Zorn Gottes
bleibet über ihm" (Joh. 3, 36.).

Autorität in der Kirche

hat nur Einer, Christus. Alle Christen sind einander neben=
geordnet. „Einer ist euer Meister, Christus, ihr aber seid alle
Brüder" (Matth. 23, 8.). Wenn in der Kirche ein Christ über
den andern herrschen will, so ist das ein Majestätsverbrechen,
weil er sich etwas anmaßt, was Christus sich allein vorbehalten hat.
Christus aber übt seine Herrschaft aus durch sein Wort,
das er in der Heiligen Schrift hat fixiren lassen. In der Kirche
Christi geht es nach dem: „Es steht geschrieben." Zwar ist
dieses Wort — wie alle geistlichen Güter — ursprünglich der
ganzen christlichen Gemeinde anvertraut, und sie hat auf Gottes
Befehl die öffentlichen Prediger dieses Wortes zu bestellen. Aber
sie herrscht nicht über die Prediger, weil sie ihnen nichts an=
deres zu predigen auftragen kann, als Gottes Wort, wie es in
der Schrift geschrieben steht. Und der Prediger herrscht seiner=
seits nicht über die Gemeinde, weil er ihr nicht eigene Mei=
nungen, sondern nur das, was geschrieben steht, predigen darf.

So bleibt Christo die Alleinherrschaft in der Kirche durch sein Wort. Sagt man, die Schrift sei aber dunkel, so ist das nicht wahr, wie die Christen aus Erfahrung wissen. Aber allem Streit hierüber macht die Schrift selbst ein Ende, indem sie sagt, sie sei auch den Kindern und Einfältigen klar (2 Tim. 3. Pf. 8.) und nur den „Weisen und Klugen" verborgen, das heißt, den Leuten, welche in geistlichen Dingen aus sich selbst etwas wissen wollen. Die letzteren sind es auch, welche immer die Verwirrung in der christlichen Kirche angerichtet haben und noch anrichten.

Weil allein Christi Herrschaft durch sein Wort in der Kirche anzuerkennen ist, so scheidet die lutherische Kirche scharf zwischen

Gottes Geboten und Menschengeboten.

Was sich als Gottes Wort und Gottes Gebot nachweisen läßt, das nimmt sie als gewissensverbindlich an und davon läßt sie unter keinen Umständen etwas nach, denn nicht zum Verschweigen, sondern zum Bekennen der göttlichen Wahrheit ist die Kirche in die Welt gestellt. Was aber nicht durch göttliches Gebot bestimmt ist, das muß in die Freiheit der Christen gestellt bleiben. Weder eine einzelne Person, noch ein Collegium von Personen, noch die sogenannte ganze Kirche haben in der Kirche etwas zu gebieten, was nicht in der Schrift geboten ist. Um ein Beispiel anzuführen: Ich kann mir selbst ein Fasten auferlegen, wenn ich es für gut halte. Aber wenn ich einem Zweiten, Dritten, Vierten 2c. ein Fasten gebieten wollte, so wäre das ein Greuel. Ein Christ soll, wenn's sein müßte, eher das Leben lassen, als Menschengeboten in der Kirche sich unterwerfen. Denn dadurch würde er von Christo, als seinem einigen Meister, abfallen und Menschen seinen Gott sein lassen.

„Von Kirche und Staat"

hält die lutherische Kirche, daß beide göttlicher Ordnung seien. Die Kirche ist nach der Schrift das auf den Grund der Apostel und Propheten erbaute geistliche Haus Gottes. Aber auch

von dem Staat schreibt St. Paulus Röm. 13.: „Wo aber Obrig=
keit ist, die ist von Gott verordnet." Daher wird es auch in
der Schrift den Christen zur Pflicht gemacht, für das Beste des
Staates zu sorgen, für denselben zu beten, willig Abgaben zu
entrichten ꝛc. Aber wiewohl beide, Kirche und Staat, Gottes
Ordnung sind, so dürfen sie doch nicht mit einander vermischt
werden. Kirche und Staat haben ganz verschiedene Zwecke.
Durch den Staat will Gott die äußere Ordnung unter den Men=
schen aufrecht erhalten; durch die Kirche will er die Menschen
selig machen. So sind denn auch die Mittel, mit welchen Kirche
und Staat ihre Zwecke erreichen, ganz verschieden. Der Staat
gibt äußere, das bürgerliche Leben betreffende Gesetze und wen=
det nöthigenfalls äußere Gewalt an, um die Unwilligen zur
Unterwerfung zu zwingen. Die Kirche hat kein anderes Mittel,
durch welches sie wirkt, als die Predigt des Wortes Gottes. Sie
predigt das Gesetz Gottes, um die Menschen zur Erkenntniß ihrer
Verdammungswürdigkeit zu führen; sie predigt das Evangelium,
um den Menschen das Heil durch den Glauben an Christum den
Gekreuzigten zu offenbaren; den Gläubiggewordenen legt sie das
Gesetz als Richtschnur eines gottgefälligen Wandels vor und
macht dieselben durch das Evangelium immerfort willig und
tüchtig, in Gottes Geboten zu wandeln. So richtet die Kirche
alles durch die Predigt des Wortes Gottes aus. Die Kirchen=
gemeinschaft, welche auch äußeren Zwang und äußere Gewalt,
„die helfende Hand des Staates" zum Bau der Kirche verwenden
will, beweist dadurch, daß sie nicht die Kirche dessen ist, der ge=
sprochen hat: „Mein Reich ist nicht von dieser Welt." Außer=
dem treibt sie Kinderei, da die vereinigte Macht der Vereinigten
Staaten und Rußlands und aller Länder, die dazwischen liegen,
nicht hinreicht, um eine einzige Menschenseele an Christum gläu=
big zu machen. Und wenn der Staat es sich beikommen läßt,
anstatt durch äußere, bürgerliche Gesetze mit Gottes Wort zu
regieren, so treibt er auch Thorheit, da man nur Christen, aber

nicht eine so gemischte Gesellschaft, wie der Staat immer sein wird, mit Gottes Wort regieren kann. Kurz, Kirche und Staat müssen getrennt bleiben, wenn sie nicht beide verpfuscht werden sollen. Die lutherische Kirche mit ihrer klaren Erkenntniß des Unterschiedes von Staat und Kirche hat eine besondere Aufgabe in diesem Lande. Sie hat durch ihr Zeugniß dafür zu sorgen, daß die in unserem Lande bestehende Trennung von Kirche und Staat aufrecht erhalten werde. Diese rechte gottgewollte Einrichtung unseres Landes ist von mehr als einer Seite bedroht.

Sie werden von mir erwarten, daß ich schließlich auch mit einigen Worten

die Stellung der lutherischen Kirche zur Schrift

darlege. „Was hältst du von der Schrift?" Diese Frage ist in unserer Zeit selbst in der Kirche eine vielumstrittene. Von der lutherischen Kirche ist zu sagen: So entschieden sie alle Menschenautorität in der Kirche zurückweist, so entschieden hält sie an der durchaus göttlichen Autorität der Schrift fest. Die lutherische Kirche wagt kein Wort der Schrift anders zu deuten als es lautet, oder die Schrift selbst es auslegt, weil ihr die Schrift das Wort des majestätischen Gottes ist. So hält sie z. B. von der Taufe, daß die Taufe die Vergebung der Sünden und die Wiedergeburt nicht bloß abmale, sondern darreiche und wirke, weil die Schrift sagt, daß die Taufe „zur Vergebung der Sünden" geschehe (Apost. 2, 38.) und dieselbe ein „Bad der Wiedergeburt" nennt (Tit. 3, 5.). So hält sie vom heiligen Abendmahl, daß in demselben Leib und Blut Christi nicht bloß abgebildet werde, sondern wesentlich gegenwärtig sei, weil Christus sagt: „Das ist mein Leib, der für euch gegeben wird", „das ist mein Blut, das für euch vergossen wird." Aus diesem Gebrauch der Schrift ist leicht abzunehmen, was die lutherische Kirche von der Schrift hält. Sie hält von der Schrift, was diese von sich selbst behauptet, wenn sie sagt: „alle Schrift von Gott eingegeben". Die Schrift

ist durch Menschen, aber von Gott. „Die heiligen Menschen
Gottes haben geredet, getrieben von dem Heiligen Geist." So
sind alle Worte der Schrift Gottes Worte und darum auch
irrthumsfrei. Die lutherische Kirche spricht Christo nach: „Die
Schrift kann nicht gebrochen werden" (Joh. 10.). Was die so=
genannten Widersprüche in der Schrift betrifft, so sind sie nur
scheinbare. Bei den meisten derselben liegt die Lösung auf
der Hand. Wo der Ausgleich uns noch nicht gelingen will, lassen
wir die Sache vorläufig auf sich beruhen, wie wir sogar bei
menschlichen Büchern thun. Von der Schrift aber sagt uns
Christus selbst, daß in ihr kein Irrthum vorkommen könne. Das
ist die Stellung der lutherischen Kirche zur Schrift. Daraus er=
gibt sich denn auch, daß die lutherische Kirche, so lange sie ihren
Grundsätzen treu bleibt, keine Lehrer in ihrer Mitte duldet, welche
die unfehlbare Autorität der Schrift angreifen, selbst wenn jene
Lehrer sich hierbei auf die „Wissenschaft" berufen.

Die lutherische Kirche und die Wissenschaft

sind immer gute Freunde gewesen, wenn die Wissenschaft ver=
nünftig war, das heißt, bei den Dingen blieb, von welchen sie
wirklich etwas weiß, z. B. auf dem Gebiet der Natur, der Ge=
schichte, der Sprachen 2c. Auch die evangelisch=lutherische Syno=
bal=Conferenz dieses Landes pflegt höhere Lehranstalten, die
zwar nicht vollkommen sind, aber eine klassische Bildung ver=
mitteln, die kaum von andern Lehranstalten dieses Landes er=
reicht wird. Aber das gestehen wir: wir sind unversöhnliche
Gegner der Wissenschaft, die sich mit Dingen abgibt und über
Dinge zu Gericht sitzt, von denen sie nichts weiß. Zu diesen
Dingen gehört vor Allem die christliche Religion. Ja, wenn die
christliche Religion eine Religion wäre wie die andern! eine
Religion, wie der Mensch auf dem Wege des Gesetzes, nämlich
durch eigene Werke in den Himmel komme! Von der Erkenntniß
des Gesetzes nämlich sind im Menschen noch einige Trümmer vor=

2

handen, und so könnte sich die menschliche Wissenschaft mit der Frage beschäftigen, welches die besten Werke zur Erreichung des Ziels seien. Aber nun ist die christliche Religion ganz anders ge= artet. Nach ihr ist der Sohn Gottes ein Mensch geworden, hat die Menschen durch sein stellvertretendes Leben, Leiden und Sterben erlöst, so daß nun die Menschen aus Gnaden ohne Werke durch den Glauben an Christum den Gekreuzigten selig werden. Das sind, wie St. Paulus sagt, Dinge, die in keines Menschen Herz gekommen sind. Die christliche Religion liegt daher gänzlich über die menschliche Wissenschaft hinaus auf dem Gebiet der göttlichen Offenbarung. Wenn dennoch die Wissenschaft über diese Dinge zu Gericht sitzen will, so ist sie toll geworden. Auf gleicher Linie mit der christlichen Religion selbst liegt natürlich die Erkenntniß= quelle derselben, die Heilige Schrift. Es ist ein Mißbrauch und eine Schändung der Wissenschaft, wenn man sie in unserer Zeit verwenden will, um über die Schrift zu Gericht zu sitzen und in der Schrift Irrthümer nachzuweisen. Den Männern der Wissenschaft lassen wir das Wort in Dingen, von denen sie etwas verstehen. Aber der Heiligen Schrift gegenüber sollen auch sie, wie alle Menschen, den Mund zuhalten und anbeten. Wollen sie das nicht, so haben sie in der Kirche, welche nicht nach den Hef= ten der Wissenschaft, sondern nach Gottes Wort regiert wird, keinen Platz.

Doch ich muß hier abbrechen. Ich glaube die Hauptpunkte der lutherischen Lehre sowie die Stellung der lutherischen Kirche in den hauptsächlichsten kirchlichen Tagesfragen dargelegt zu haben. Gott segne die lutherische Kirche zum Heil vieler Seelen und zum Preis des herrlichen Namens JEsu Christi, des Heilandes der Welt!

EPOCHS OF LUTHERANISM IN AMERICA.

By Prof. A. GRAEBNER.

As we turn back the leaves of history in the annals
of the Lutheran Church in America to a period of two
hundred years ago, we find in the last decade of the seven-
teenth century two sister-groups of churches, Lutheran by
name and Lutheran at heart, both of them with a record
of hardships and struggles undergone in half a century of
colonial existence in a foreign land, both of them seemingly or really forgotten by the mother-church and mother-
country beyond the seas, both of them seemingly abandoned to the oblivion of an unknown sepulchre without as
much as a memorial slab and epitaph to indicate that in
this far-off sunset world a Lutheran church had lived and
labored and struggled and died unhonored and unwept.

Under very different auspices those two groups of
Lutheran congregations had been ushered into being.
Near the banks of the majestic Delaware a Lutheran colony had been planted in 1638, and thus the well laid and
well matured plans of the illustrious King of Sweden,
Gustavus Adolphus, and of his chancellor, Axel Oxen-
stierna, one of the grandest politicians of all times and
nations, had been carried into execution, the expedition
having been equipped with a lavish hand and led by an

experienced and talented commander, Peter Minuit, so that if ever a colony had been founded with fair prospects of success, it had most certainly been that colony of Lutheran men and women, New Sweden on the Delaware, the first Lutheran congregation with a Lutheran pastor on American soil. But though other ships laden with stores and implements carried other bands of Lutheran colonists, who joined those first settlers on Christina creek, though other Lutheran preachers arrived in the colony before and after the body of Reorus Torkillus, the first pioneer of the Lutheran ministry in America, had been laid earth to earth and dust to dust beneath American sod, among them the gifted and learned Campanius, who rendered Luther's catechism into the Delaware Indian tongue, before Eliot had given the Bible to American aborigines, and though those early colonial preachers ministered to those early Lutheran congregations with untiring zeal, traversing the primeval forests by fair weather and foul on horseback and on foot, and the creeks and rivers in scooped logs and birch canoes: yet before the close of the century the time had come when one aged, blind and decrepit Lutheran preacher only, no longer able to perform his ministerial duties, was left in what had once been New Sweden, and when he too had been called to his reward, the last Lutheran preacher of that period in America had passed away, and the Swedish Lutherans in the Delaware valley, still numbering 919 souls, and still clinging to their Lutheran faith and worship, would meet in their decaying churches to hear lay-readers read from Lutheran postils, to sing their Swedish Lutheran hymns, and to bewail the deplorable condition of their Lutheran church.

Nor was the other group of Lutheran congregations
in America in a less deplorable condition at that time. In
the Hudson valley, under the pressure and persecutions
of a Dutch Reformed establishment and civil government, the Lutherans in New Netherlands had after va-
rious rebukes at last succeeded in obtaining a minister to
labor in their midst, and other Lutheran ministers had
followed. In spite of placards, and edicts, and conventicle
acts, and fines, and imprisonments, and petty tribulations
intended to subdue them into conformity with the Cal-
vinistic Articles of Dort, those Dutch Lutherans had per-
sisted in their allegiance to the Lutheran Confession of
Augsburg, had struggled on while Dutch rule changed
into English, and English rule into Dutch, and Dutch
rule once more into English, until, when the good Dutch
Domine Bernhardus Aruzius had been called to rest from
his labors in the Hudson valley of Baca in 1691, the congregations saw themselves constrained to plead their in-
ability to support a minister, and they too were reduced
to postil readings in dilapidated churches.

Such was the gloomy close of the first half century
of Lutheranism in America.

During the second and third half centuries of her history, the American Lutheran Church was prepondera-
tingly a mission church in foreign parts. Missionaries
from Sweden, missionaries by way of Holland, missionaries from Halle, missionaries from Hanover, missionaries from Helmstedt, missionary aid from the English
propagation society—worked together in building up a
Lutheran Zion on the western continent. And with what
measure of success? Within a few years after the missionaries commissioned by the Swedish crown had settled

at Christina and Wicaco, the congregations which had but lately appeared as in the fall of a dying year, experienced the luxuriant verdure of a belated spring. The old Dutch congregations, and the Lutherans in the German Palatine settlements, in the Hudson valley, developed into a chain of churches extending from the Mohawk to the Raritan, and in 1734 and 1735 organized the first American Lutheran synod in their midst. In Pennsylvania and Maryland not hundreds but thousands of German Lutherans were gathered into congregations by the venerable and pious Muehlenberg and his co-laborers, who in 1748 formed what is now the oldest Lutheran synod in America. In Georgia the Salzburg emigrants, under the fostering care of German and English Christians, planted a fragrant garden of God in the wilderness. In the Carolinas and in Virginia churches were added to churches, pine churches, and hickory churches, and brick churches, and churches of stone and mortar, large churches and small churches, city churches and country churches. And if from Schoharie in the north to Charleston in the south there had been two ministers for every faithful pastor, and five faithful pastors for every rambling vagabond who called himself a minister and worked by the piece to make a living, there might have been scores and in many parts even hundreds for every one of them to whom they might have ministered.

But alas! what did American Lutheranism come to in the course of that century of golden opportunities? When the third half century of our history drew to its close, the Swedish Lutheran church, once more abandoned by the mother-church and mother-country beyond the deep, had drifted away from the Lutheran standards and lay in Episcopalian moorings; Dutch Lutheranism in

New York had become a thing of the past; two German
Lutheran synods had struck the Lutheran colors from
their masts and dragged their anchors in shallow waters,
and as the waters grew still shallower, threw overboard
nearly all the remnants of their Lutheran heritage, which
they considered cumbersome ballast only, while a worse
than worthless cargo of baled second-hand rationalism,
taken aboard from other crafts sailing with the same ill
eastern winds, was kept in view to conceal the poverty of
a degenerate church.

Yea, the poverty. At the end of the first half century
of her history, the Lutheran church in the valleys of the
Hudson and the Delaware had been poor indeed; but one
thing those Dutch and Swedish Lutherans of 1693 had
not lost or given up: their Lutheran heritage of a pure
Lutheran faith, their Lutheran confessions, Lutheran
doctrine embodied in their Lutheran catechism, their venerable Lutheran postils of Lutheran sermons, treasures
which in their sight as in intrinsic value outweighed all
the silver and gold of the universe. But the so-called
Lutherans of 1793 were poorer by far than the poor Dutch
and Swedish Lutherans of that earlier period. They had
lost or thrown to the winds the purity of doctrine and
most of what had been distinctively Lutheran. At the
same time the Lutheran Church of America a hundred
years ago was poor in indigenous literature, and what
there was, was un-Lutheran at the core; there was not
a Lutheran school of the prophets in the land from Dan
to Beersheba; there was not one really consistent Lutheran preacher on this side of the Atlantic.

But a change for the better has come. And where
was the turning point? Was it the wildfire of revivalism

which rose beyond the Cumberland mountains and swept
through the churches on its coastward course in the first
decade of the century? No, for the burnt districts were
in after years the most barren territory for Lutheran hus-
bandmen. Or was it the foundation of the General Synod
toward the end of the second decade of the present century? No again; for the founders of that Lutheran General
Synod, which was neither general nor Lutheran, did at
the time of its foundation refuse to recognize the Augsburg Confession in their constitution, and one of their
leading men declared, that "he would suffer both his
hands to be burnt off, before he would subscribe the
Formula of Concord." Or was it the founding of the
seminary at Gettysburgh in the third decade of the century? No once more ; for the first Professor and for forty
years the leading spirit of that school of theology was also
the chief perpetrator of that Definite Platform, which even
the men of the remotest left wing in the General Synod
of to-day would not venture to offer as the confessional
basis of the American Lutheran Church.—No, the change
for the better came still later.

In the vestibule and at the threshold of the last half
century of American Lutheranism we find a number of
Lutheran congregations, not in the Hudson valley, not
on the banks of the Delaware, but in the valley of the
Mississippi, congregations, the members, the teachers and
hearers, of which had been cradled beneath German skies,
had been reared amid the ravages of rankest rationalism,
had found the light of truth in the dark places, and had
been led to this western land by one whom the Almighty
hurled away for his hidden sins after He had used him for
His wise purposes. These congregations, together with

others, in 1847 formed the "German Evangelical Lutheran
Synod of Missouri, Ohio, and other States." When the
draft of the Constitution under which they organized this
synod was published, friends and enemies alike in Europe
and America looked wise and shook their heads and prophe-
sied that a synod which would put into practice the principles laid down in that constitution would run a brief and
rapid course to utter ruin, or struggle on amid the disap-
pointments of an insignificant existence. And to-day, that
synod is by far the greatest Lutheran synod not only in
America, but on the face of the earth, a synod, which has
not only exerted a powerful influence throughout this our
Columbian continent, but whose influence is distinctly felt
in Europe and in far-off Australia.

Should you ask me, what were the principles laid
down and practiced by the signers of that synodical constitution of 1847, I should answer: they were principally
two. The first was this, that *doctrine* is of first and fundamental importance in the church, that purity and unity
of doctrine is of all things paramount in ecclesiastical
affairs, that in the distinctive doctrines of the Lutheran
church lies the fully sufficient and the only justification
of her separate existence. Prompted by this principle,
the synod of Missouri has from its very beginning and to
the present day maintained in theory and practice that
Lutheran pulpits must be occupied by Lutheran preachers
only, that Lutheran altars must be accessible to Lutheran
communicants only, and that ecclesiastical union without
doctrinal unity is incompatible with the true spirit of
Lutheranism and involves a denial of the very right of
existence, claimed by the Lutheran church. True to this
principle, the fathers of the Missouri Synod and their

sons have fellowshipped and to-day fellowship with such other ecclesiastical bodies, and with such other bodies only, as in theory and practice stood and stand upon the same doctrinal basis with themselves, although they were and are for this reason stigmatized as Ishmaelites, whose hand were against every man's hand, and every man's hand against them, knowing that for the same reason the christians of old were known as the sect which was spoken against everywhere. To the maintenance of this principle it is due, that in the sermons from the pulpits and in the religious publications from the presses of this synod and of the sister synods with which she holds communion, more stress is laid upon christian doctrine than in any body of christians on earth, and in no other church so much is done toward bringing up the children of the household in the nurture and admonition of the Lord.

The second leading principle which actuated the fathers of the Missouri Synod and actuates their faithful sons is this, that the duty and the privilege of maintaining, preserving, and propagating the pure doctrine of the church of Christ and, in fact, *all* the rights and duties of the church, are primarily vested not in the ministry, not in synods and consistories, not in associations and societies within the church, not in the state or state functionaries, but in the christian congregations and their individual members. In accordance with this principle the so-called laymen in the congregations of the Missouri Synod have never been looked upon and treated as orphans or infants, to be fathered and fostered by a superior ministry, but as men in Christ and members of the household of God, able and in duty bound to judge of spiritual things. Carrying out this principle, these congregations have at all times founded and liberally supported not only parochial schools, but also higher institutions of learning for the education of ministers in their churches and teachers in their schools; at the meetings of their delegates doctrinal discussions have always formed a prominent feature of the synodical transactions, to which the best part of the time of sessions was and is devoted, while, on the other hand, the synod has never been invested with the title or the powers of a judicatory, but is and must remain an advisory body only, each congregation being the supreme tribunal in its own affairs.

Such have been, such are the leading principles of the synod of Missouri, Ohio, and other States with regard to ecclesiastical life, such is the spirit of the sister synods with which she is associated, and such have been the blessings with which these synods have been prospered from on high. In 1693 there were in America congregations of Lutherans who held and cherished the pure doctrine of the Lutheran church, but there was no one in the land to preach it. In 1793 there existed in America numerous congregations, Lutheran by name, with numerous ministers; but what those ministers preached and those congregations heard was the pure doctrine of the Lutheran church no more. In 1893, thanks be to God in the highest, there is in this our country a true and genuine Lutheran church numbering far upward of half a million of souls, a Lutheran church which holds and cherishes the Lutheran doctrine, the doctrine of the church of the Reformation, in all its purity and enjoys the faithful ministrations of far more than a thousand ministers who preach, and the efficient services of many hundreds of men in her schools who teach, this doctrine, and, furthermore, a rich and growing literature of books and pamphlets and periodicals through which this selfsame doctrine is disseminated from the Atlantic to the Pacific, from the Canadas to the Gulf, and to far distant shores beyond the seas, this precious, pure and sincere and unadulterated scripture doctrine, which is, in this first year of the fifth century after the re-discovery of this western world, the greatest of the manifold blessings this nation can exhibit to the nations of the globe.

Wir lieben unser Land und auch aus diesem Grunde lieben wir unsere Gemeindeschulen.

Von Pastor H. Sauer.

In dem HErrn geliebte Glaubensgenossen, Mitbürger und Freunde!

Luther und Columbus — und zwar Luther vor Columbus — Luther, der Reformator der alten Kirche, und Columbus, der Entdecker der neuen Welt, das sind die beiden Männer, durch welche Gott den Völkern eine neue Zeit unaussprechlicher Segnungen anbrechen ließ. Wohl ist in diesem Jubeljahr unsers Continents, dessen Feier durch die Columbische Weltausstellung ihren Glanzpunkt erreicht hat, vor allen andern der Name des Mannes in aller Mund, der den Weg zu dieser neuen Welt entdeckte. Und mit Recht hat man nach diesem Manne unserm von Gott mit zahllosen Segnungen überschütteten Welttheil den hochpoetischen Namen beigelegt: "*Columbia*, the gem of the Ocean," Columbia, die Perle des Weltmeers. Aber was wäre dieses große, herrliche Land ohne das Werk Luthers, ohne die Segnungen der Reformation? Was wäre diese neue Welt auch nach Columbus' Entdeckung, wenn nicht auch ihr, wie der ganzen Welt, die durch tausendjährige Wolken von Irrthümern verdunkelte Sonne der Wahrheit des ewigen Evangeliums durch Luthers Reformation wieder aufgegangen wäre, wenn in der goldenen Krone seiner köstlichen Segnungen der durch Luthers Reformation wieder-

gewonnene Juwel der Freiheit, der Glaubens= und Gewissens=
freiheit fehlte? Dies Land wäre eine zwar schön glänzende, aber
leere Muschel ohne wahren, bleibenden Werth, weil die Perle
ihr fehlt. Ja, hätte Gott nicht nach Columbus, dem Entdecker,
Luther, den Reformator, erweckt, der auch den Königen und allen
Obrigkeiten, Bürgermeistern und Rathsherren, Lehrern und Stu=
direnden, Handelsleuten und Handwerkern ihres Standes Rechte
und Pflichten wieder kund that, dann wäre die ganze wunderbare
Entwickelung auf dem Gebiete der Wissenschaft und Kunst und
Industrie und Erfindung, als Gemeingut der Völker, nicht die
geworden, die sie geworden ist, und wie sie dort draußen am See
in jenem großartigen Riesenwerk menschlichen Schaffens wie ein
Zauberbild in einem Wundergarten vor den erstaunten Blicken
von Millionen Besuchern aus allen Völkern der Erde sich darthut.
Ja, ohne die Reformation wäre unser Volk, das Volk der Ver=
einigten Staaten, in seiner gegenwärtigen Verfassung gar nicht
in's Dasein getreten. Unser amerikanisches Volk, das
freieste Volk der Erde, verdankt seine Freiheit zum
besten Theil der Reformation.

Darum noch einmal: Größer als Columbus, der Entdecker
der neuen Welt, war Luther, der von Gott gesandte Held, der den
Völkern und auch dieser neuen Welt die wahre Freiheit brachte,
die Freiheit in Christo, dem Erlöser; der in der Offenbarung
geweissagte Engel, der, mitten durch den Himmel fliegend, ein
ewig Evangelium hatte, zu verkündigen allen Heiden und Ge=
schlechtern und Sprachen und Völkern.

Daß die Hauptlehre der heiligen Schrift, die Lehre von der
Rechtfertigung eines armen Sünders allein aus Gnaden durch
den Glauben an JEsum, auch die Hauptlehre unserer evangelisch=
lutherischen Kirche ist, diejenige Lehre, mit welcher sie steht und
fällt, und daß um dieses Panier sich schaarend und das Evange=
lium von der freien Gnade Gottes in Christo JEsu verkündigen
die evangelisch=lutherische Kirche gerade während des letzten halben

Jahrhunderts herrlich emporgeblüht ist, dies ist eine Wahrheit,
die wir heute schon mit frohem Munde zum Preise Gottes be=
kennen durften.

Wie aber die Lehre von der Rechtfertigung das köstlichste
Kleinod unter allen Lehren unserer Kirche ist, so haben wir im
Leben unserer Kirche sonderlich ein Kleinod, das wir vor an=
dern hochschätzen, auf dessen Pflege wir vor andern unsere Kräfte
wenden, zu dessen Erhaltung wir bereit sind, die größten Opfer
zu bringen; und dieses von uns mit sonderlicher Liebe gehegte
und gepflegte Kleinod ist unsere Gemeindeschule. Ja, wie
einst jene Römerin einer vornehmen Freundin, die ihrer Klei=
nodien von Gold und Perlen sich rühmte, ihre beiden Kinder vor=
führte und auf sie weisend ausrief: Siehe da, meine Kleinodien!
so und mit noch größerem Rechte können wir unser Volk mit
Freude und Dank gegen Gott, der sie uns gegeben und bisher
in diesem freien Lande erhalten hat, auf unsere Schulen als un=
sere Kleinodien, unsere Freude, unsere Krone, unsern köstlichsten
Schatz auf Erden hinweisen. Während alle andern protestantischen
Gemeinschaften dieses Landes fast ausnahmslos die früher in
diesem Lande bestehenden christlichen Schulen eingehen ließen und
ihre Kinder den Staatsschulen übergaben, hat unsere deutsche
evangelisch=lutherische Kirche von Anfang an, obwohl sie zu den
ärmsten dieses Landes gehörte, die Gründung, Pflege und Er=
haltung christlicher Gemeindeschulen als eine ihrer Hauptaufgaben
in diesem neuen Vaterlande betrachtet, daher schon bei Gründung
unserer Synodalgemeinschaft vor etwa fünfzig Jahren als ein
Hauptzweck gemeinsamen Arbeitens in der Constitution derselben
„die Versorgung der Kinder mit christlichem Schul=
unterricht" bezeichnet wurde.

Und siehe! indem wir diesen Hauptzweck stets im Auge be=
hielten, ist unter der treuen Pflege unserer Gemeinden die luthe=
rische Schule und durch und mit der Schule die lutherische Kirche
also gewachsen, daß nach dem letzten Census in den Schulen von

etwa 2000 Gemeinden 150,000 Kinder unterrichtet wurden.
Diese unsere Gemeindeschulen mit ihrer großen Kinderschaar bil=
den daher ein charakteristisches Merkmal namentlich der deutschen
lutherischen Kirche dieses Landes, welches die Aufmerksamkeit un=
serer Mitbürger erregt, so daß immer und immer wieder die
Frage an uns gerichtet wird: Warum erhaltet ihr Lutheraner
denn besondere Schulen, warum laßt ihr nicht wie andere Kirchen=
gemeinschaften eure Kinder theilnehmen an dem vortrefflichen
Unterricht unserer Staatsschulen?

Da wir nun in der That durch die Erhaltung von besonderen
kirchlichen Schulen von fast allen andern protestantischen Gemein=
schaften uns unterscheiden, so ist es gewiß nur recht und wird
man es gewiß von Seiten derer, die uns und unser Werk kennen
lernen möchten, nicht ungern hören, wenn wir bei dieser feier=
lichen Gelegenheit Antwort geben auf diese Frage.

Wohlan, warum bringen wir Lutheraner so große
Opfer zur Erhaltung unserer eigenen Schulen? Ver=
folgen wir Lutheraner dabei irdische Sonderinteressen, ohne auf
unsers Volkes Wohl Rücksicht zu nehmen? Wollen wir damit
gar in Opposition treten zu den freien Schulen unsers Landes
und durch Erziehung unserer Kinder in besonderen Schulen die=
selben von dem übrigen Theil unsers Volkes absondern, so daß
wir deutschen Lutheraner mit unserm Kirchen= und Schulwesen
gewissermaßen einen Staat im Staate zu bilden beabsichtigen?

Nichts von alle dem! Nichts liegt uns ferner als alle solche
feindselige, die Wohlfahrt unsers Volkes gefährdende Gedanken
und Pläne.

Unser Hauptabsehen bei der Pflege unserer Schule ist
die Erhaltung und Ausbreitung unserer evangelisch=lutherischen
Kirche. Und welcher Christ, der sich über die Ausbreitung des
Reiches Christi, wo immer es auch sei, freut, wird zu solchem
Vornehmen scheel sehen? Ist das Wachsthum der auf das
Wort gegründeten lutherischen Kirche nicht zugleich das Wachs=

— 33 —

thun der ganzen Kirche JEsu Christi? Welcher Christ kann es uns daher verargen, wenn wir dasjenige Mittel anwenden, welches wir für eines der wirksamsten halten, unsere Kirche auf dem Grunde des Wortes Gottes zu erbauen, zu befestigen und auszubreiten, nämlich die Gründung und Erhaltung unserer Gemeindeschulen? wenn wir unsere Kinder, die uns so lieb sind wie unser eigen Leben, durch täglichen Unterricht in Gottes Wort bei der von uns erkannten reinen seligmachenden Lehre des Wortes Gottes und so mit uns bei unserer lutherischen Kirche zu erhalten suchen?

Hat doch der HErr schon im Alten Testamente dem Volke Gottes den Befehl gegeben: „Weiset meine Kinder, das Werk meiner Hände, zu mir." Ergeht doch im Neuen Testamente sonderlich an alle christliche Eltern Gottes Befehl: „Ziehet eure Kinder auf in der Zucht und Vermahnung zum HErrn." Ja, der ganzen Kirche des neuen Testaments gilt Christi Mahnwort: „Weide meine Lämmer!" Beweisen wir uns daher nicht dadurch nur gehorsam diesem Wort und Befehl Gottes, daß wir in unsern Gemeindeschulen unsere Kinder als Lämmer JEsu Christi auf die Weide des Wortes Gottes führen und so durch täglichen Unterricht in Gottes Wort als Kinder Gottes zu ihm, ihrem rechten Vater in Christo JEsu, hinweisen, also vor allem zu Himmelsbürgern zu erziehen suchen?

Und im engen Zusammenhang mit diesem Hauptzweck, und im Dienste desselben steht noch ein anderer. Wir suchen neben unserer Landessprache durch unsere Gemeindeschulen unsern Kindern allerdings auch die deutsche Sprache zu erhalten. Ist das nicht schon an sich ein trefflicher Zweck? Steht die deutsche Sprache nicht zugestandenermaßen auf fast allen Gebieten menschlichen Wissens, auf denen der Literatur, der Wissenschaft und Kunst, unter allen lebenden Sprachen an der Spitze? Ist nicht die deutsche Sprache die Sprache Luthers, des großen Propheten der letzten Zeit, in dessen unsterblichen Reformationsschriften und

8

insonderheit unvergleichlicher Bibelübersetzung, die Apostel und
Propheten, die Lehrer der ganzen Christenheit, gleichsam aus
ihren Gräbern erstanden und von Deutschland wieder ausgingen,
das Evangelium zu predigen allen Völkern? Wer will es uns
verargen, wenn wir diese herrliche Sprache, die Sprache Luthers,
die Sprache unserer Väter, neben der Sprache unsers Volkes
durch unsere Schule auch auf unsere Kinder fortzupflanzen suchen?
Aber wenn auch die deutsche Sprache in unserer lutherischen Kirche
in diesem Lande je untergehen sollte, so würden wir dennoch
unsere Gemeindeschulen pflegen und erhalten, so wahr uns Gott
helfe, und zwar um des Landes willen, in dem wir wohnen, und
das wir lieben. Ja

**Wir lieben unser Land und auch aus diesem Grunde lieben
wir unsere Gemeindeschulen.**

I.

Wir sind Christen, die bei all ihrem Thun sich von Gottes
Wort regieren lassen. Galt nun schon dem gefangenen Israel
in einem fremden Lande, dahin es wider seinen Willen geführt
wurde, das Wort des HErrn: „Suchet der Stadt Bestes, dahin
ich euch geführet habe", wie, sollten denn wir, deren Väter frei=
willig hierhergezogen, um hier für sich und die Ihrigen eine neue
Heimath zu finden, und die wir mit unsern Vätern hier in einem
freien Lande als freie Bürger wohnen und alle Segnungen des=
selben genießen, viel mehr und viel größere, als unsere Väter
ahnten, je solch schnöden Undanks uns schuldig machen und bei
all unserm Vorhaben das Wohl unsers Volkes nicht im Auge
haben?

Nein, Dank gegen Gott, der uns in dieses gute Land geführt
und dasselbe uns zu unserer irdischen Heimstätte geschenkt hat,
und Liebe zu unserm Volke, dem wir als Bürger angehören,
dessen Wohl unser Wohl, dessen Wehe unser Wehe ist, bewog

unsere Väter und bewegt uns, ihrem Beispiel nach, unserm Volke
zur Beförderung seiner Wohlfahrt das Beste darzubringen, das
wir haben, unsere Kinder, indem wir sie in unsern Schulen
als Himmelsbürger, als Kinder Gottes, als Christen und
damit zugleich als gute Bürger dieses Landes erziehen.
Denn ein wahrer Christ ist in der That auch der beste Bürger.
Oder sagt, worauf beruht das Glück und die Wohlfahrt
eines Volkes? Auf der Fruchtbarkeit seines Landes, auf dem
Reichthum seiner Minen, auf der Ausdehnung seines Handels,
auf der Blüthe von Kunst und Wissenschaft, auf der hohen Stufe
der Cultur, die es unter den Völkern einnimmt? Nein! sondern
einzig und allein auf der Rechtschaffenheit seiner Bürger. Und
was allein bringt einem Volke Verderben und Untergang? Allein
die Sittenlosigkeit seiner Bürger. Die Geschichte aller Völker
bestätigt die Wahrheit des Wortes Gottes: „Gerechtigkeit
erhöhet ein Volk, aber die Sünde ist der Leute Ver=
derben."

Wohlan, wodurch werden dem Staate wahrhaft gute Bürger
im höchsten Sinne des Wortes herangebildet und wird also die
Wohlfahrt unsers Landes am wirksamsten befördert? Wir Luthe=
raner glauben und bezeugen es: Eins der wirksamsten und segens=
reichsten Mittel zur Erhaltung und Förderung der Wohlfahrt
unsers Volkes sind christliche Schulen.

Wohl erkennen wir auch die Staatsschulen als ein Bedürfniß
für unser Volk an. Würden doch, um nur eins zu erwähnen,
bei der Armuth und Unwissenheit so vieler Eingewanderter und
nicht weniger Einheimischer gewiß deren Kinder ohne jeglichen
Unterricht aufwachsen und es würde namentlich in den größern
Städten unsers Landes ein rohes, zuchtloses. lasterhaftes, die
Wohlfahrt unsers Landes bedrohendes, gefährliches Element
emporwuchern, wenn nicht der Staat durch Errichtung von Schu=
len für den Unterricht aller, auch der ärmsten Kinder sorgte.
Mit Freuden tragen daher auch wir Lutheraner durch unsere

Abgaben zur Erhaltung der öffentlichen Schulen unsers Landes
bei und wünschen, daß niemals auch nur ein Cent zu einem
andern Zweck als zur Erhaltung der Staatsschulen verwendet
werde, ja wir Lutheraner erheben wie ein Mann laut Protest
dagegen, daß jemals in irgend einer Weise durch diese dem Staate
gehörenden Gelder die Schulen irgend einer Kirchengemeinschaft
unterstützt werden, und zwar deshalb, weil dadurch eine der
Hauptbedingungen für die Wohlfahrt unsers Landes aufgehoben
würde, nämlich die Trennung von Staat und Kirche.

Aber so gewiß es ist, daß unsere Staatsschulen um dieser
und anderer Gründe willen nicht ohne Vortheil für unser Land
sind, so sind wir Lutheraner dennoch fest überzeugt, daß sie allein
nur mangelhaft Gewähr leisten für die Wohlfahrt unsers Volkes,
ja, daß sie vielmehr den Keim großer Gefahren in sich bergen.
Bessere, gewissere Bürgschaft für die Erhaltung der Wohlfahrt
und der Freiheit unsers Volkes auch auf die kommenden Ge=
schlechter bietet nach unserer festen auf Gottes Wort und die Ge=
schichte aller christlichen Völker gegründeten Ueberzeugung die
christliche Gemeindeschule.

Und warum? Weil sie das wirksamste Mittel dar=
bietet zur Erziehung guter, im höchsten Sinne guter
Bürger, die insonderheit geschickt und willig sind
zur Bewahrung und Vertheidigung des köstlichsten
Kleinods unter allen Schätzen dieses Landes, der
bürgerlichen und religiösen Freiheit.

II.

Jeder wahre Freund unsers Vaterlandes erkennt es — wer
offene Augen hat, zu sehen, sieht es ja — daß trotz aller irdischen
Segnungen, die Gott gerade über unser Land ausgeschüttet hat,
unser Volk großen Gefahren entgegengeht. Ja, während die
Sonne irdischen Glückes und Wohlstandes noch hoch oben am

Himmel unsers Volkes steht, thürmen sich ringsum schon dunkle, unheilverkündende Wolken zahlloser Schäden und großen Ver= derbens. Trotz des unermeßlichen Reichthums unsers Volkes, welche Unzufriedenheit auf allen Gebieten des öffentlichen und bürgerlichen Lebens, unter allen Schichten des Volkes, in allen Ständen, welcher bittere Kampf zwischen Arbeit und Kapital! Dabei welche Mißachtung der bestehenden Gesetze, der Heiligkeit der Ehe und des Elternstandes, welche Zuchtlosigkeit und Sitten= losigkeit eines großen Theiles der Jugend! Unersättliche Hab= sucht und unersättliche Vergnügungssucht, sind das nicht die beiden breiten, trüben Ströme, die unser Volk unaufhaltsam, so scheint es, zeitlichem und ewigem Verderben entgegenführen?

Wo ist nun das Mittel zu finden, das dem Verderben, dem drohenden Untergang wehrt? Sind es etwa Gesetze? Nimmer= mehr! Auf Befehl Kaiser Karls des Großen wurden allerdings die heidnischen Sachsen einst in den Fluß getrieben und getauft, aber Christen wurden sie dadurch nicht, sondern sie blieben wilde Heiden. So werden auch heute nie und nimmer Staatsgesetze, wie viele meinen, wie z. B. Sonntagsgesetze, Prohibitionsgesetze, unser Volk zu einem christlichen machen.

Aber auch die Staatsschulen bieten nicht, wie viele meinen, das Heilmittel für die Schäden unsers Volkes dar. Zwar es ist wahr, das Wort, welches Luther, der große Reformator, den christlichen Völkern der alten Welt zurief: „Soll der Christen= heit geholfen werden, so muß man bei der Jugend anheben!" gilt auch für unser Volk. Aber ist diese Hilfe für unser Volk von unsern Staatsschulen zu erwarten? Höret das fast einstimmige Urtheil hervorragender Staatsmänner und für das Wohl unsers Volkes besorgter Schulmänner! Wie lautet es? Bei aller Vortrefflichkeit unserer öffentlichen Schulen fehlt ihnen ein Stück, um die heranwachsende Jugend zu guten und glücklichen Bürgern heranzubilden: „Die religiöse Erziehung der Kinder." Ja, ein so vortrefflicher Unterricht sonst auch in

ben Staatsschulen ertheilt werden mag, so daß sie in dieser Be=
ziehung den Schulen anderer Völker gleich=, wenn nicht voran=
stehen, so vermögen sie doch nicht dem eigentlichen Verderben,
woran jedes Volk zu Grunde gehen muß, der Sünde, zu wehren
und die heranwachsende Jugend zu wahrhaft guten, im vollsten
Sinne guten, nämlich frommen, gottesfürchtigen Bürgern zu er=
ziehen. Das vermag allein — darüber ist unter Christen
nur eine Stimme — die Bibel, das Wort Gottes. Allein
das Wort kann die Sünde, als die alleinige Wurzel alles Ver=
derbens, aufdecken, allein das Wort kann von diesem allergrößten
Verderben, der Sünde, heilen. Allein das Wort weist über diese
Erde hinaus auf ein Glück, das sonst in der ganzen Welt nicht zu
finden ist, es verkündigt nämlich den Frieden, der höher ist denn
alle Vernunft, den aller Unterricht in aller Weisheit dieser Welt
nicht bringen kann, den Frieden, der allein die Leere des nach
Glück sich sehnenden Menschenherzens ausfüllen und dasselbe
wahrhaft befriedigen kann: den Frieden mit Gott, die Gewiß=
heit der Tilgung aller Sünde und Schuld, der Versöhnung mit
Gott, der Kindschaft Gottes und eines ewigen Erbes im Himmel.
Diesen Frieden verkündigt das Wort nicht nur, sondern es gibt
und schenkt und senkt in's Herz hinein all diese Glückseligkeit.
„Denn das Evangelium ist eine Kraft Gottes, selig zu machen
alle, die daran glauben." Das Wort gibt endlich nicht nur An=
weisung zur Führung eines tugendhaften Lebens, sondern gibt
auch die Kraft zu einem solchen Leben. Das Wort ist es daher
allein, das die Kinder wahrhaft erziehen und bilden, nämlich die
von Natur sündhaften Herzen verändern und aus selbstsüchtigen,
eigennützigen in Gott und ihre Mitmenschen liebende umwandeln
und so zu glücklichen und auf das Glück und die Wohlfahrt ihres
Volkes bedachten Bürgern erziehen kann.

Das glauben nicht nur wir Lutheraner, sondern mit uns
alle wahren Christen. Wie, thun daher wir Lutheraner nicht
recht und ist es nicht in der That wahre Vaterlandsliebe, wenn

wir, bei aller Werthschätzung unserer Staatsschulen, Luthers, des
großen Reformators, des Schöpfers der christlichen Volksschule,
Rath befolgen: „Wo Gottes Wort nicht regiert, da rathe
ich fürwahr, daß niemand sein Kind hinthue"? Wenn
wir also für unsere Kinder christliche Schulen errichten und erhalten, in welchen unsere Kinder nicht nur täglich in Gottes
Wort unterrichtet werden, sondern das Wort Gottes auch die
Grundlage alles andern Unterrichts bildet? Indem wir dies
thun und so unsere Kinder in unsern Schulen täglich unter die
Hut und Pflege JEsu Christi, ihres guten Hirten, stellen, erziehen
wir unserm Vaterlande ein Geschlecht von Männern und Frauen,
die als Eheleute, Väter und Mütter, Arbeiter, Geschäftsleute,
kurz als Bürger, welches Standes und Berufes sie auch seien,
Gott fürchten und ihre Mitmenschen lieben und so sich als gute
Bürger im vollsten Sinne des Wortes erweisen.

O, daß alle Christen unsers Landes diesen Rath Luthers be-
herzigen und christliche Schulen einrichten möchten, in denen Gottes Wort regiert! Tritt doch für Errichtung christlicher Schulen
auch ein großer Staatsmann unserer Zeit, der vorige Minister-
präsident von England, Salisbury, ein, der vor Kurzem in
einer öffentlichen Rede die auch für unser Volk beherzigenswerthen
Worte sprach: „Ich möchte allen christlichen Confessionen, welche
in unserm Lande vorhanden sind, die vollkommenste Freiheit ein-
geräumt sehen, so daß sie den unmündigen Theil ihrer Heerde
ungehindert alles dasjenige lehren können, was sie selbst von
ihrem besonderen Glaubensstandpunkte aus als die höchsten Wahrheiten des Christenthums erachten. Wir haben in den jüngsten
Tagen viel, vielleicht zu viel von Verbrechen, Sünden und Elend
gehört, von Dingen, die auch nur zu erwähnen die Scham ver-
bietet. Wir haben von einer sittlichen Fäulniß reden hören,
wovon wir uns kaum hatten träumen lassen. Und es gibt Leute,
welche thörichterweise der Gesetzgebung zumuthen, ein sicheres
Heilmittel für diese Uebel zu schaffen. Es gibt nur ein sicheres

Heilmittel: Die Erziehung der Kinder im christlichen Glauben. Darum empfehle ich Ihnen, als das theuerste Besitzthum freier Bürger allen Ernstes das Recht zu vertheidigen, daß unsern und aller unserer Gesinnungsgenossen Kindern die volle Wahrheit des Christenthums, wie wir sie glauben, gelehrt werde, und daß keiner Theorie, welche die Staatseinmischung predigt oder die Schule verweltlichen will, gestattet werde, dieses höchste Vorrecht, das Christen besitzen können, zu beeinträchtigen oder zu vereiteln."

Ein merkwürdiges Zeugniß aber für uns Lutheraner und unsere lutherischen Schulen legt ein nicht unbedeutender Theologe unsers Landes, Professor Robert Ellis Thompson, Presbyterianerprediger zu Philadelphia, mit folgenden Worten ab: „Daß diese Lutheraner ihre Schule nicht aufgeben, ist so gut als gewiß. Sie glauben nicht, daß eine rein weltliche Erziehung genügt. Sie glauben nicht, daß die geistige Kraft und Energie der Kinder während sechs Tagen der Woche auf weltliche Unterrichtsgegenstände gerichtet werden sollen und höhere Themata ruhig auf einen Tag verlegt werden können, an welchem das Kind der Ruhe pflegen sollte, wie der Arbeiter. Sie glauben nicht, daß ein fester und reiner Character gebildet werden kann, wenn sich der Geist sechs Tage lang nur mit irdischen, äußerlichen Dingen beschäftigt und nur an einem Tage mit himmlischen. Sie glauben nicht, daß die Bekehrung der Kinder und Liebe zu ihrem Heiland bis zu einer Zeit besonderer Aufregung verschoben werden sollte, wo der Glaube in den Kinderherzen plötzlich entfacht werden kann, auch ohne vorhergegangenen Unterricht. Sie glauben an christliche Erziehung und darum an christliche Schulen. Und ich stimme mit ihnen überein."

O daß alle Christen unsers Landes mit ihm und uns stimmten!

Meine Freunde, blickt man nicht sonst auf allen Gebieten des menschlichen Lebens und Wirkens zu den großen Führern

und bahnbrechenden Männern auf und sucht Rath und Beleh=
rung bei ihnen? Wo ist unter allen großen Männern der Neuzeit
aber ein größerer zu finden als Luther, der eigentliche Gründer
der christlichen Volksschule? Vor Luther gab's nur Klosterschulen
und höhere wissenschaftliche Schulen für Einzelne. Die christ=
liche Volksschule ist Luthers, des Reformators, Werk. Seine
zündenden Schriften an den Adel deutscher Nation und an die
Rathsherren deutscher Städte haben sie in's Leben gerufen; sie
ist eine Frucht der Reformation, eine Tochter der Kirche. Das
war sie bis in dieses Jahrhundert hinein auch in diesem Lande.
Das ist sie, Gott Lob! noch bei uns, die wir auf das Wort
Luthers, des Mannes Gottes, hören: „Wo Gottes Wort
nicht regiert, da rathe ich fürwahr niemand, daß er
sein Kind hinthue." Laßt uns ja nicht denjenigen Kirchen
unsers Landes ähnlich werden, die ihre Gemeindeschulen preis=
gegeben haben!

Die großen Missionsgesellschaften unsers Volkes senden
Schaaren von Missionaren aus zu den heidnischen Völkern der
Erde. Mit der Verkündigung des Evangeliums für die Er=
wachsenen verbinden sie sofort die Gründung von christlichen
Schulen, in denen die Kinder der Heiden täglich in Gottes
Wort unterrichtet werden. Wie? den Kindern der Fremden bie=
ten sie das einige Mittel zu wahrer Bildung, zu wahrer zeitlicher
und ewiger Glückseligkeit dar, und ihren eigenen Kindern ver=
sagen sie es zu ihrem zeitlichen und ewigen Schaden?

O daß daher bei uns allen, denen das wahre Wohl des
Landes am Herzen liegt, die Erkenntniß lebendig bleiben möchte:
So vortrefflich die Staatsschulen sein mögen, so wird das wahre
Wohl unsers Volkes am wirksamsten durch die christliche Schule
befördert! Dann bleibt unsere christliche Schule, die Tochter der
Kirche, nicht nur eine Grundmauer und Pfeiler der
Kirche JEsu Christi, sondern auch der Wohlfahrt und
insonderheit der Freiheit unsers Volkes.

Wir Americaner sind das freieste Volk der Erde. Jeder Bürger genießt hier nach der Constitution unsers Landes die vollkommenste bürgerliche und religiöse Freiheit. Aber wer wollte sich's verhehlen, daß dem strahlendsten Stern in dem Banner unsers Landes, der Religionsfreiheit, schon Gefahr droht? Fordern nicht auf der einen Seite viele, daß unser Volk durch Staatsgesetze, z. B. durch Prohibitionsgesetze, durch Sonntagsgesetze, zu einem christlichen erzogen werde? Würde aber damit der Staat sich nicht auf das Gebiet der Kirche, der Religion, begeben; würde mit solchen und ähnlichen Gesetzen nicht der Religions- und Gewissensfreiheit der Todesstoß gegeben werden? Auf der andern Seite aber erhebt jene finstere Macht, aus deren tausendjährigen Banden Gott einst durch Luther die christlichen Völker errettete und zur goldenen Freiheit führte, gerade in unserm Lande ihr Haupt kühn empor, jene Macht, auf deren Banner mit blutrothen Buchstaben das Wort „Intoleranz" eingewebt ist. Ja, schon streckt sie unverschämt ihre Hand nach den Schulen unsers Landes aus, um dadurch unsere Freiheit zu vernichten.

Wohlan, wider alle diese, die Freiheit unsers Landes gefährdenden, feindlichen Mächte haben wir Lutheraner in unsern Gemeindeschulen ein starkes, festes Bollwerk. Nicht die Weisheit unserer Staatsmänner sichert uns gegen diese Gefahr — der größte Staatsmann unsers Jahrhunderts wurde durch jene finstere Macht gestürzt. Aber auch unsere Staatsschulen werden unser Volk nicht retten. Wohl werden sie als die mächtigsten Pfeiler gepriesen, auf denen die Freiheit unsers Landes fest gegründet sei. Aber man täuscht sich. In der Stunde der Gefahr werden sie sich als morsche Stützen erweisen. Eine religionslose Schule kann im besten Falle nur ein religionsloses, indifferentes Geschlecht erziehen, das auch diesem Feinde unserer Freiheit nicht Stand halten wird.

In unserer christlichen Schule dagegen mit ihrem hellen Licht des Wortes Gottes haben wir ein mächtiges Bollwerk zur Be-

wahrung und Erhaltung des köstlichsten Kleinods unsers Lan=
bes, der Freiheit des Gewissens. Ja, so viele Schulen, in
denen Gottes Wort täglich getrieben wird, so viele Waffen=
schulen haben wir, in denen das heranwachsende Geschlecht geübt
wird, die einzig siegreiche Waffe wider Schwärmerei und Anti=
christenthum, und damit wider die gefährlichsten Feinde unserer
Freiheit, zu führen. Sind darum nicht unsere lutherischen Ge=
meindeschulen der höchste Beweis unserer Vaterlandsliebe? Ja,
wir lieben unser Land, darum lieben wir unsere
Schulen.

O ihr lutherischen Glaubensgenossen, ihr Kinder der Refor=
mation, deren Kirche unter dem Banner der Freiheit in diesem
Lande gerade auch durch unsere Schulen so herrlich und mächtig
emporgeblüht ist, so laßt uns denn dankbar erkennen, was wir
an unserer Kirche und Schule haben; laßt uns erkennen, daß wir,
auch ferner unsern Dank gegen Gott und unsere Liebe zu unserm
Vaterlande zu beweisen, dann am wirksamsten helfen, die Reli=
·gionsfreiheit und damit die wahre Wohlfahrt unsers Volkes zu
erhalten, wenn wir eifrig thätig sind im Bau und Pflege unserer
lutherischen Kirche und Schule. Denn gerade die lutherische
Kirche ist zwar oft schon um des Glaubens willen verfolgt wor=
ben, aber sie hat nie verfolgt, man hat sie zwar oft des Glau=
bens und Bekenntnisses berauben wollen, aber sie ist stets ein=
getreten für Glaubens= und Gewissensfreiheit.

Insonderheit ihr Kinder unserer Kirche, die ihr die Seg=
nungen unserer lutherischen Schule, die eure Väter gründeten,
genossen habt, erkennet, die größten aller Segnungen, ewiges
Heil, ewige Freiheit, ewige Glückseligkeit habt ihr dem euch in
eurer Schule schon gebrachten Wort zu verdanken! Darum, ihr
Kinder der lutherischen Kirche, ihr Kinder der Eingewanderten,
ihr Kinder unsers Volkes, schaaret dankbaren Herzens euch um
unsere Schulen und lasset nie sie euch nehmen! Wenn eure Väter
aus diesem neuen Vaterland einst eingegangen sein werden in's

ewige Vaterland, dann helfet ihr unter dem Banner der Freiheit dieses Landes unsere evangelisch = lutherische Schule als eine Segensstätte für unser Volk erhalten.

Gott segne euch, ihr Kinder der lutherischen Kirche, und erhalte euch in der Wahrheit; Gott segne alle Kinder unsers Volkes, des Volkes der Vereinigten Staaten von Nordamerica, und schenke und erhalte ihnen die wahre Freiheit in dem, der allein frei macht, die Freiheit in Christo JEsu! Amen.

A FREE CHURCH IN A FREE STATE.

By Prof. A. CRULL.

It was, indeed, a memorable moment in the history of
the world, when, four centuries ago, on the twelfth day
of August, 1492, that bold mariner, Christopher Columbus, gave the order to weigh the anchors and to hoist the
sails, and when those three small, old-fashioned caravels
left the port of Palos, and sailed out upon a hitherto unknown ocean, in order to find an answer to the question
whether India, the Eldorado, the land of gold and untold
riches, could really be reached by going west. Oh! the
joyful expectations that swelled the bosom of the daring
adventurer, when the dream of his youth and early man-
hood was beginning to be realized, when at last, after so
many years of arduous toil and weary waiting, the object
of his endeavors, that golden goal, seemed to be within
his reach! — But ah! the sad misgivings, the bitter dis-
appointment, the heart-rending grief that threatened to
press his heroic soul down into the dust, when failure
stared him in the face, when days and weeks and months
passed by in dreadful monotony, and every new hour
seemed to prove to him anew that all his calculations had
been erroneous, that he was the victim of his own mad
folly, and that he had sacrificed in vain not only his own
life, but also the lives of his innocent crew who well might

call him a base deceiver, a cold-blooded murderer.—But
oh! the ecstasy of joy, when, on the morning of the 21st of
October, there emerged from the billows of the Atlantic
that sun-gilt little island with its green trees and warbling
birds and copper-colored men, proving that the calculations of the dauntless navigator were correct after all,
and promising joy, fame, riches, and happiness to him
and all those that had followed him in his perilous ad-
venture. Need we wonder, my hearers, that this little
band of mariners were intoxicated with delight, when they
beheld the longed for object of their wishes but a short
distance before them, that tears of joy streamed from
their enraptured eyes, while they clasped the knees of
their noble commander, who had guided them to the
shores of what seemed to them an earthly paradise?

And yet, however great their expectations may have
been, they did not fully realize the greatness of the blessing
which by this discovery of the New World God had bestowed upon mankind. They were not aware of the fact
that God in His loving kindness had, unbeknown to them,
led the way to a new Continent, had opened to the nations
of the Old World a New World, which, in its grand beauty,
in its wonderful abundance of natural riches, in its wise
institutions for the welfare of its inhabitants, not only
rivals, but far excels the Old World. What would have
been their joy and gratitude, if they could have beheld,
in a birds' eye view, as it were, that vast continent which
fills the western hemisphere, extending from pole to pole;
if they could have seen the best and happiest part of it,
"*Columbia, the gem of the ocean,*" with its lofty mountains, such as the picturesque Alleghanies and the grotesque
Rockies; with its majestic rivers, such as the "Father

of waters," the grand Mississippi, and the "American Rhine," the lovely Hudson; with its beautiful cascades, such as the thundering Niagara and the laughing Minnehaha; with its unique chain of fresh water lakes, these vast inland seas that justly may be called sparkling diamonds in Columbia's crown; with its fertile soil which produces almost every variety of grain and fruit that can be found on the surface of the globe; with its primeval forests, abundant with game of every kind; with its boundless prairies, the virgin soil of which offers almost no resistance to successful cultivation; with its innumerable little lakes, fairly teeming with the finny tribe; with its exhaustless under-ground treasures of gold, silver, lead, copper, iron, and coal, those "black diamonds"!

Or again, what would have been their astonishment, if they, who took possession of the newly discovered land in the name of the Spanish crown, thus making it dependent from and subject to that despot-ridden country, some of whose rulers were the most cruel tyrants which the world has ever been cursed with, — if they, I say, could have cast a glance into the future, if the veil covering a few centuries had suddenly been removed from their eyes, and if they could have seen that the best part of the country which they had just discovered, was destined to become an asylum for the oppressed, a cradle of liberty, a land of the free, where "the government is of the people, by the people, and for the people," a republic offering equal rights to all of its citizens, in short, a *free State!*

And lastly, what would have been the astonishment of Columbus, that benighted Papist, whose efforts in extending the power of the Roman Catholic church will undoubtedly earn him yet the doubtful honor of being made

the national "Saint" of America, if he could have fore-
seen that the most important and best part of the world
which he had discovered, was to enjoy the greatest earthly
blessing which the good Lord can bestow upon a land and
its people, namely not only civil, but also *religious liberty!*

But what Columbus and his handful of followers could
not foresee, this we, the inhabitants of the world which he
discovered, the citizens of this glorious republic, by the
grace of God are allowed to see, and to have, and to enjoy,
and we should indeed be guilty of the basest ingratitude,
if, in giving thanks to God for all the blessings bestowed
upon our country, we were to forget to render thanks for
the inestimable blessing of civil and religious liberty.
'Tis true, yonder grand Columbian exposition, by far the
grandest which the world has ever witnessed, does loudly
call upon us to remember the goodness of the Lord and
to give praise and thanks to Him for the untold blessings
which He has fairly showered down upon our beloved
country; but however highly we may prize the inexhaust-
ible natural resources of our land, and the wonderful
attainments of the industry, art and science of its inhabitants, who, as this grand "World's Fair" demon-
strates by an almost overwhelming abundance of proofs,
may well compete with the rest of the world—yet, after
all, the greatest and best of all the untold blessings which
our country is endowed with, that blessing, without which
we would not be able to really enjoy the other manifold
gifts of the Almighty, is freedom, a twofold freedom,
freedom of the body and freedom of conscience, or *civil
and religious liberty*. This is the very brightest and the
most precious of all the sparkling jewels in Columbia's
crown, and it is but meet and right that we render thanks

"with hearts, and hands, and voices" to the Giver of all good gifts for this inestimable blessing, and it is our bounden duty to use our utmost endeavors in order to keep this blessing unimpaired and in all its fullness, for ourselves and for the coming generations.

But, my friends, we are assembled here this evening not only as American citizens, but also as Lutherans, as members of the Evangelical Lutheran Church of America, and if we were asked the question: "What blessing does this country offer you, that you, as Lutherans, should be especially thankful for?" what would, what should our unanimous answer be? Undoubtedly our answer must be this: We praise the Lord from the bottom of our hearts that in this our beloved country we are privileged to have a *free Church in a free State*, that our Lutheran Church of America is a *free* Church.

Freedom, however, being an idea allowing of different definitions, it is necessary to state first of all, what freedom it is which we deem necessary for the welfare of our Church, and for the enjoyment of which we are truly thankful.

. This freedom is not freedom from law, is not lawlessness, is not *religious anarchism*. Our Church does not claim the right, nor has she the desire to believe and to teach, to do and not to do, what she pleases. No, she acknowledges a sovereign Lord and Master, the God above all gods, and the King above all kings, whose Word is her law. "*Thus saith the Lord!*" is the word of command to which she bows in all cases, which determines all her articles of faith, regulates all her doings, and settles all questions that may arise. And this law of her King she possesses in a venerable written document, in the Book

4

of books, the Holy Bible. *"The Bible, the whole Bible, and nothing but the Bible,"* is the fundamental law, the *Magna Charta*, the constitution of our Church. *The Bible* — not the word of mortal man, however great or wise or holy he may be, nor the opinions of man, however plausible they may seem, and though they be almost universally accepted, but the Bible, the written Word of God, is her law. — *The whole Bible*, alike of the Old and New Testaments, not only those parts of it which appeal to man's so-called common sense, but also those books, and chapters, and passages, and verses, which seem to flatly contradict human reason; the whole Bible, not only that portion which modern criticism has been pleased to acknowledge as authentic, but also those passages which the loud-mouthed critics of our days in their ungodly science have impudently branded as interpolations; the whole Bible, not only those parts of it which contain articles of faith and point out the way to our soul's salvation, but also those parts which contain historical, or geographical, or geological, or astronomical, or other scientific statements; in short, the whole Bible, unabridged and uncurtailed, is the fundamental law of our Church. — *And nothing but the Bible* is her law; not the Bible mixed with the traditions of former ages; not the Bible with the addition of the decrees of councils or the decisions of an infallible pope; not the Bible adapted to the vagaries of human opinions, or interpreted by the rules of human philosophy; no, nothing but the Bible is the law of our Lutheran Church, and by this law she abides, and from the obedience to this divine law she would not be free.

Again, the freedom of our Church in this country is not a *revolutionary* freedom. Having pitched her tents

in this New World, she does by no means feel called upon
to cut loose from the creed and the customs of the Lutheran
Church in the Old World. For this reason she heartily
endorses the Confessions of faith, the so-called "*Sym-
bolical Books*," of the Evangelical Lutheran Church, indeed not as a collection of by-laws beside the Word of
God, but as correct expositions and commentaries to Holy
Writ. Having conscientiously examined these confessions
of former ages, and being fully persuaded that they contain nothing whatsoever but the doctrines of the Holy
Bible, that they are a clear and distinct digest of the laws
contained in the Holy Scriptures, our Church willingly
and cheerfully acknowledges these old Confessions as her
own, and rallies around this standard, that all the world
may know what she believes and teaches, and may see
that her creed is not a new one, but the creed of the old
Lutheran Church.

Not being revolutionary, but rather conservative in
character, our American Lutheran Church does likewise
not endeavor to prove her freedom by repudiating the
time-honored customs and ceremonies of the Lutheran
Church of former ages. She does not think it necessary,
nor expedient, nor even a matter of good taste, to prove
her freedom by aping the customs of the sects by which
she is surrounded, and by conforming to their generally
so bare and frigid order of divine worship. Although she
is well aware of the fact that these outward, liturgical
forms are in no wise a proof of true Lutheranism, she at
the same time is also well aware of the fact that the re-
pudiation of these customs is by no means a proof of true
freedom or of true Americanism, and for this reason she
proves her love of freedom by retaining these ancient

forms, such as the clerical gown and bands, the altar with its crucifix, its paintings or statues, and its lighted tapers, the chanting of the officiating clergyman and his making the sign of the cross, the use of wafers in the celebration of the Lord's Supper, and the like, and she is not deterred from doing so by being foolishly called "outlandish" or even "Romish" on that account.

Lastly, the freedom of our American Lutheran Church is not *separatistic*. The fact of her being a free Church, does by no means compel her to keep aloof from others, and to go her own solitary way. No, she knows that in union there is strength; she knows that it is the will of her Master that brethren should dwell together in unity, and for this reason she endeavors to promote brotherly unity by all the means at her command. But she knows also that according to her Master's will she must unite only with brethren in faith; that true union is brought about only by unity of spirit; that, therefore, a union which is accomplished by other considerations, such as expediency or mere feeling, is neither pleasing to God nor productive of any lasting good. While, therefore, on the one hand she carefully avoids all churchly communion with those who are of another household of faith, lest she should be guilty of disobeying her Lord and of denying His sacred truth, although this exclusiveness on her part is generally condemned as want of Christian charity, — on the other hand she hails with delight every occasion to unite with those who are one with her in spirit; who like her in all things bring into captivity every thought to the obedience of Christ; who, therefore, unrestrictedly accept and confess the old Scriptural doctrines of the Evangelical Lutheran Church. In this wise Lutheran Christians combine to form Lutheran congregations, and Lutheran congregations combine to form Lutheran synods, and Lutheran synods combine to form Lutheran synodical conferences or general bodies, and thus united in the truth and in the spirit, in closed ranks they march along, a numerous, well disciplined army, led by Christ Jesus, the Captain of our Salvation, to do the battles of the Lord. — But even having entered into such alliances, true Lutherans retain their freedom, for no congregational or synodical resolutions have any binding force for them, unless they are based on the authority of the Word of God. In all open questions, however, or indifferent matters, such as are left undecided by the Holy Scriptures, the conscience of every individual Lutheran Christian, or congregation, or synod is perfectly free to think and believe, to do or not to do, as they think proper, although, of course, also in such matters they are careful not to trespass against the divine law of Christian charity, or to violate the Golden Rule.

Having thus seen, my friends, that the freedom for which our American Lutheran Church is truly thankful, is not the freedom desired by religious anarchists, or revolutionists, or separatists, we now may ask: What, then, is the freedom which the Lutheran Church in our country enjoys, and for which she is in duty bound to render her most heartfelt thanks to Almighty God?

This freedom, my hearers, is, in short, freedom from interference on the part of the State in all matters relating to the soul or the conscience of its citizens. The State, as such, has jurisdiction only over the body of its citizens, while it leaves the care for their immortal soul to their own discretion. The State, as such, does not even acknowledge the existence of the human soul, and all matters pertaining to the welfare of the soul are therefore foreign to the jurisdiction of the State. It is true, the State protects the rights of religious societies, but not because these societies are religious, because they are Lutheran or Presbyterian, Methodist or Baptist, Episcopalian or Roman Catholic organizations, but because the members of these religious societies are citizens. The State, therefore, is not entitled, under any consideration, to subsidize any institution of religious societies that has the welfare of human souls in view, and, on the other hand, the State has no right whatever to hinder or thwart any such institutions, provided that they do not interfere with its legitimate interests.

This is the state of affairs in our beloved country, and for this freedom of our Church from all interference on the part of the State, we Lutherans thank the Lord. For we now enjoy the precious liberty of serving our God according to the dictates of our own conscience. We are permitted to teach and believe, to preach and practice, what we consider to be divine truth and conducive to our soul's salvation. We are allowed to establish congregations and synods, to call preachers and teachers, to build churches and schools, seminaries and colleges, orphan asylums and mission-houses at our discretion, and are in no way hindered, but rather protected by the State in our legitimate efforts to build and spread the kingdom of our God. And for this glorious freedom we are in duty bound to praise and thank the Lord.

For, my friends, this inestimable blessing which God has bestowed upon our American Lutheran Church, is only too often overlooked. Like bodily health it is fully appreciated only by those that have just attained or lost it, while those that have always enjoyed religious liberty, often set little store by it. But would you know what it means to be deprived of this blessed freedom? Let us cast only a few glances into the history of the church! Accompany me in thought to ancient Rome! We take a stroll in the gardens of the emperor and behold a long row of living human beings, covered with tar and pitch, and set afire for purposes of illumination. We enter the amphitheatre and see before us in the arena a group of youths, and maidens, and women with babes at their breast; with a prayer on their lips they kneel down on the bloody sand, and patiently await the attack of ferocious lions and tigers that are to tear them to pieces and devour them. We pass along the highways and notice every now and then a cross on which the bleeding body of a man is suspended. — Why these atrocities, my hearers? Were those poor culprits convicted criminals who by their heinous crimes had deserved such shocking punishment? No, they were Christians who lived in a state which did not grant religious liberty to its citizens.

Or let us pay a short visit to Paris! It is the night of August the 24th in the year 1572. The bells in the lofty church-steeples are just tolling the midnight-hour, when bloodthirsty hordes patrol the streets of the city, and enter the marked houses of the peaceful Huguenots in order to murder them in cold blood. The lifeless body of the venerable Admiral Coligny, literally covered with wounds caused by the daggers in the hands of his assassins, is thrown through a window into the street, and even the French King, instigated by his infuriated mother, levels his musket at his fugitive subjects, and brings down a fleeing mother clasping her helpless infant to her panting bosom.—What crime had the unhappy Huguenots committed, that the Pope of Rome, the so-called "Holy Father," thanked God for their extermination by celebrating high-mass and having the "Te Deum" sung? Why, they were Reformed Christians living in a state which did not grant religious liberty to its citizens.

Or let us for a few moments stand upon the rocky shore of Massachusetts on that bleak December-day of the year 1620! Do you see that handful of pilgrims, leaving the hospitable shelter of their good ship, the "Mayflower," which had safely borne them across the broad Atlantic, and going to face the hardships of the cold winter in an unknown and uncivilized country, and to fight for their life with the pangs of hunger, and with the wild beasts of the forest, and with the wily redskins? Did these Pilgrim Fathers flee from justice, or did want drive them away from Old England? No, indeed, my hearers! There was no room for Puritans in their mother country, for that country did not grant religious liberty to its citizens.

Or let us finally take a look at the religious intolerance of modern Russia! Who is that pale man with the German cast of features, whom we see in the midst of Nihilists and other criminals that are being transported to the horrors of Sibiria? It is a Lutheran clergyman from the Baltic provinces, condemned to transportation for no other crime but for having administered holy communion to a person baptized in the Greek Catholic church. For also modern Russia does not grant religious liberty to her citizens.

We, however, my hearers, we, the citizens of the United States of America, are granted the inestimable blessing of perfect religious liberty, our American Lutheran Church is a perfectly free Church in a free State. Are we, then, not in duty bound to thank and praise the Lord our God for bestowing upon us this gift of priceless value? Most certainly we are.

But true gratitude for this incomparable blessing does not only oblige us to thank God for bestowing it upon us; no, we do not fully appreciate it, unless we do everything in our power in order to keep and preserve it intact, and to defend it against all enemies, if need be, with our hearts' blood. For not all religious communities that enjoy this blessed liberty themselves, are willing to let others enjoy it also. There is especially one religious organization, the most numerous of all, the Roman Catholic church, that indeed approves of religious liberty as long as she is in the minority, but condemns it, as soon as she is in the majority. Do not tell me that I exaggerate the case, in making this assertion, for facts, historical facts bear me out, and *"facts,"* you know, *"are stubborn things."* It is not necessary to lay much stress upon the sayings and writings of some American Catholic magnates and dignitaries, who probably in an unguarded moment were indiscreet enough to betray their hearts' desire, while generally they are cunning enough to conceal or deny it, yea even, whenever expedient, to extol religious liberty before the ears of the American public. No, in order to make sure of the position of the Romanists in this question, let us rather consult the official records, which furnish an abundance of documentary evidence in proof of the assertion that the Church of Rome is the declared enemy of religious liberty. Thus, for instance, we read in the collection of papal decrees, approved of by Pope Gregory IX.: "The secular rulers, whatever

office they may hold, are to be admonished and, if need
be, to be compelled by ecclesiastical means of correction
to solemnly swear that they will conscientiously endeavor
and exert themselves to exterminate from their territories
all heretics designated by the Church.'' Again, in the
Papal laws we read: ''Obstinate heretics must be pun-
ished, even though they have been given a safe-conduct.
Their houses must be torn down and their property con-
fiscated, even if they have Catholic children. The confis-
cated property of heretics is to be kept at the disposal of
the Pope.'' Again, in his encyclical letter of Dec. 8th,
1864, the late pope, Pio Nono, ''rejects, repudiates, and
condemns by his apostolic authority'' the doctrine that
the church is not entitled to discipline by temporal punishment those that trespass against her laws. — Or let us
open the books of history, and what do we find? That
the Church of Rome, whenever and wherever she had
the power to do so, persecuted and exterminated all dis-
senters in the most diabolical manner. Let me remind
you only of the hideous Inquisition, by which Romish institution in thirty years, from 1550 till 1580, in the Netherlands, France, England, Spain and Italy, there were mur-
dered for their religion's sake 900,000 human beings!
Forsooth, my friends, our Lutheran Church is fully justi-
fied in teaching that, for this and many other reasons, the
Pope of Rome is the true *Antichrist*, and that papacy is
that scarlet woman of the Book of Revelation, ''drunken
with the blood of the saints, and with the blood of the
martyrs of Jesus.''

But there is yet another enemy of the freedom of
our Church to whom I wish to call your attention by a few
closing remarks. This enemy struck a blow at the free-

dom of our Church by striking a blow at her *schools;* by trying to interfere with her work of training her own children; by arrogantly assuming the right to dictate to her at what age, and in what branches of learning, and in what language her children are to be taught in the schools which she herself has established, and which she supports by her own means. You undoubtedly well remember, my hearers, how in the past few years the odious school-laws of Wisconsin and Illinois, practically endorsed by a great political party, threatened to deprive our Lutheran Church of her godgiven right and her sacred duty to care for the souls of her own children in training not only their minds, but also their hearts, in educating *not only good American citizens, but also good Lutheran Christians.* It is true, the immediate danger is passed; *"we have met the enemy, and they are ours;"* by the help of God we have gained a decisive victory. But we must not rest on our laurels, for though our enemy has lost the victory, he has not lost his enmity. While we, therefore, devoutly thank the Lord for having bestowed upon us religious liberty; and while we earnestly beseech Him to preserve this great blessing to us and our children: let us also keep our eyes wide open, let us watch and pray, and use our utmost endeavors, and spare no pains, and, if need be, sacrifice all our earthly possessions for the blessed privilege of being *a free Church in a free State!*

www.ingramcontent.com/pod-product-compliance
Lightning Source LLC
Chambersburg PA
CBHW031753090426
42739CB00008B/992